Sandra und Sabine Arriens

Window-Color
Die schönsten Weihnachtsmotive

ENGLISCH VERLAG

Die Deutsche Bibliothek – CIP-Einheitsaufnahme
Window Color – die schönsten Weihnachtsmotive / Sandra Arriens; Sabine Arriens. –
Wiesbaden: Englisch, 2001
ISBN 3-8241-1085-7

© by Englisch Verlag GmbH, Wiesbaden 2001
ISBN 3-8241-1085-7
Alle Rechte vorbehalten. Nachdruck, auch auszugsweise, verboten.
Fotos: Frank Schuppelius
Herstellung: Michael Feuerer
Printed in Spain

Die Ratschläge in diesem Buch sind von den Autorinnen und dem Verlag sorgfältig erwogen und geprüft, dennoch kann eine Garantie nicht übernommen werden. Eine Haftung der Autorinnen bzw. des Verlages und seiner Beauftragten für Personen-, Sach- und Vermögensschäden ist ausgeschlossen.

Inhaltsverzeichnis

Vorwort

Die Vorweihnachtszeit ist für viele Menschen, ob groß oder klein, die schönste Zeit im Jahr. Um ein stimmungsvolles Weihnachtsfest zu erleben, sind Dekorationen nicht mehr wegzudenken. Sie gehören einfach dazu. Schmücken Sie ihr Heim mit selbst gestalteten weihnachtlichen Fensterbildern. Mit der Fenstermalfarbe Window-Color sind sie schnell hergestellt, und sie bringen, an der Fensterscheibe angebracht, auch das Licht eines trüben Wintertages zum Leuchten. Durch die leichte Anwendung der Farben haben auch Kinderhände viel Spaß an dieser Malerei. Liebevoll gestaltet, eignet sie sich auch als Geschenk. Viel Spaß beim Gestalten und gutes Gelingen wünschen Ihnen

Sandra und Sabine Arriens.

Material und Werkzeug

Für unsere Fensterbilder benötigen wir Folgendes:

- Window-Color-Farben
  (verschiedene Hersteller)
- Window-Color-Konturenfarbe Schwarz,
  Weiß, Gold, Silber
- Malspitze zum Aufschrauben auf
  Malflasche, Ø 0,7 mm
- Schaschlikspieße
- Wattestäbchen
- Transparentpapier

- Klarsichtfolie DIN A4
  (Prospekthüllen PE oder PP)
- Weißes Schreibmaschinenpapier
- Bleistift HB, Radiergummi, Anspitzer
- Klebestreifen
- Flitter Kristalleis, Gold, Silber
- Glimmerpulver Gelb, Rot, Rosé,
  Irisierend, Blau
- Stecknadel
- Haushaltspapier
- Eventuell kleine Plastikflasche zum
  Anmischen von Farbe

Grundanleitung

Malvorlage

Das Motiv mittels Transparentpapier vom Vorlagebogen mit einem Bleistift abzeichnen. Unter das Transparentpapier einen weißen Bogen Papier legen und beides in die Klarsichthülle schieben. Der weiße Bogen bewirkt, dass das Motiv vom Transparentpapier einen größeren Kontrast hat. Wenn keine Hüllen verwendet werden, Vorlage unter der zu malenden Folie mit Tesafilm befestigen. Gemalt wird auf der Folie.

Konturen

Auf die Konturenmittelflasche die Konturenfeder setzen und mit dem Konturenmittel alle Linien der Vorlage nachziehen. Dabei den` Handrücken zum leichteren Arbeiten auflegen. Die Konturenmittelflasche senkrecht halten und je

nach Hersteller direkten Kontakt mit der Folie aufnehmen oder ca. 1 cm Abstand zur Folie halten. Unter leichtem Druck fließt das Konturenmittel wie ein flüssiger Faden heraus. Konturenmittel circa 2 Stunden trocknen lassen. (Herstellerangaben beachten!)

Ausmalen der Flächen

Nachdem das Konturenmittel getrocknet ist, mit dem Ausmalen der Flächen beginnen. Farbflaschen vor Gebrauch nicht schütteln, da sonst Luftblasen entstehen. Die flüssige Farbe wird direkt mit der Spitze der Flasche satt auf die Folie gemalt. Farbe und Kontur gehen eine Verbindung ein, wobei der Farbauftrag möglichst den Konturen angepasst werden sollte. Das heißt bei dünnen Konturen den Farbauftrag so gestalten, dass die Farbe nicht über die Konturenlinie in das nächste Feld läuft. Eine große Hilfe sind Schaschlikspieße, mit denen man die Farbe vorsichtig bis an die Linie heranziehen kann. Außerdem genügt schon ein kleiner Tropfen Farbe an der Spitze des Schaschlikspießes, um winzige Flächen zu füllen.

Trockenzeiten und Abziehen der Folie
Ist das Werk vollendet, braucht es eine Trockenzeit, die, je nach Hersteller, bei ungefähr 24 Stunden liegt. Nicht ungeduldig werden, damit das fertige Bild nicht zerreißt. Unbedingt die Herstellerangaben beachten.

Nützliche Tipps zum Arbeiten mit Window-Color

Tipp 1 Das Konturenmittel kann bei Ausrutschern entweder sofort im feuchten Zustand mit einem Wattestäbchen von der Folie entfernt werden oder nach dem Trocknen von der Folie abgezogen werden. Verschmierte Stellen lassen sich einfach wegrubbeln.

Tipp 2 Farbflaschen vor dem Malen niemals schütteln, da sich Luftblasen bilden. Flaschen möglichst auf dem Kopf stehen lassen.

Tipp 3 Luftbläschen in der feuchten Farbe sofort mit einer Stecknadel aufpieksen. Die Farben trocknen je nach Raumtemperatur oberflächlich sehr schnell. Hat sich erst einmal eine Haut gebildet, lassen sich die Bläschen nicht mehr entfernen.

Tipp 4 Ist der Farbauftrag auf der Konturenlinie aufgetrocknet, ist das nicht weiter schlimm. Am Fenster ist dies fast nicht zu sehen. Sollte es jedoch optisch stören, kann man schwarze Konturen mit einem wasserfesten Stift (z. B. Edding FE) wieder sichtbar machen.

Tipp 5 Zum Malen sind nicht alle Folien geeignet. Entweder verwendet man die Folien, die der Hersteller direkt anbietet, da kann nichts schief gehen, oder Polyethylen-

(PE), Polypropylen- (PP) und Geschenktransparentfolie. Ebenso geeignet ist Glas. Folien aus PVC sind weniger geeignet, da sich das gemalte Bild nur sehr schwer ablösen lässt.

Tipp 6 Sollte die Raumtemperatur zu hoch sein, vor allem im Sommer, hat man Schwierigkeiten, das fertige Bild von der Folie zu lösen. Da schafft der Kühlschrank wahre Wunder. Einfach das fertig gemalte Bild mit Folie für eine Minute, keinesfalls länger als zwei Minuten, in den Kühlschrank legen. Es löst sich dann fast von allein von der Folie, ohne sich zu verziehen.

Tipp 7 Am Fenster befindliche Fensterbilder brauchen zum Putzen der Scheiben nicht entfernt werden. Man kann einfach darüber wegwischen.

Tipp 8 Fertige Bilder immer zwischen Folien aufbewahren. Niemals Papier benutzen! Es würde ankleben.

Tipp 9 Zum Malen kann man Farben verschiedener Hersteller verwenden. Problematisch wird es erst, wenn man Kristallklar benutzt. Diese Farbe fällt bei jedem Hersteller anders aus. Um Enttäuschungen zu vermeiden ist es ratsam, innerhalb eines Bildes nur Kristallklar einer Firma zu benutzen.

1. Schneemann

Material
- ◆ Konturenfarbe in Schwarz
- ◆ Window-Color-Farben in Weiß, Rot, Schwarz, Orange, Hellbraun, Dunkelbraun, Königsblau, Kristallklar
- ◆ Glimmerpulver irisierend

Anleitung

Übertragen Sie das Motiv vom Vorlagebogen auf das Transparentpapier, und bereiten Sie die Vorlage vor, wie in der Grundanleitung beschrieben. Zeichnen Sie die Konturen des Motivs mit der Konturenfarbe auf die Malfolie. Nach dem Trocknen beginnen Sie mit dem Ausmalen. In die feuchte Farbe der Grundfläche streuen Sie Glimmerpulver. Malen Sie das Motiv gemäß der Abbildung, und füllen Sie die Lücke zwischen Besen und Schneemann mit Kristallklar aus. Nach dem vollständigen Trocknen können Sie das Motiv von der Malfolie nehmen.

2. Eiskristalle

Material

* Konturenfarbe in Gold
* Window-Color-Farben in Perlmutt, Kristallklar

Anleitung

Übertragen Sie das Motiv auf Transparentpapier. Zeichnen Sie die Konturen der Eiskristalle mit der Konturenfarbe auf die Malfolie. Nach dem Trocknen malen Sie die Kristalle perlmuttfarben aus. Damit beim Abnehmen von der Malfolie das Motiv nicht reißt, füllen Sie die Lücken mit Kristallklar aus. Warten Sie, bis die Farbe vollständig getrocknet ist, und ziehen Sie das Motiv dann von der Malfolie ab.

3. Kerze

Material
- ✦ Konturenfarbe in Schwarz, Gold
- ✦ Window-Color-Farben in Rot, Feuer-rot, Gelb, Dunkelgrün, Kristallklar
- ✦ Glimmerpulver in Gelb

Anleitung

Zeichnen Sie alle Linien des Motivs mit der Konturen-farbe auf die Malfolie. Nach dem Trocknen beginnen Sie mit dem Ausmalen gemäß der Abbildung. Das Wachs der Kerze schattieren Sie mit Gelb und die gelbe Flamme mit Rot. Beides mit dem Schaschlikspieß im feuchten Zustand der Farben vornehmen. In die feuchte gelbe Farbe des Kerzenscheins Glimmerpulver streuen. Malen Sie das Motiv gemäß der Abbildung fertig, und füllen Sie die Zwischenräume mit Kristallklar aus. Nach dem vollständigen Trocknen kann das Bild von der Malfolie abgenommen werden.

4. Zwei Glocken

Material

- ✦ Konturenfarbe in Schwarz, Gold
- ✦ Window-Color-Farben in Dunkelgrün, Rot, Elfenbein, Weiß, Kristallklar
- ✦ Flitter in Gold

Anleitung

Zeichnen Sie die Konturen des Motivs mit der schwarzen Konturenfarbe auf die Malfolie. Nach dem Trocknen der Konturen mit dem Ausmalen beginnen. Streuen Sie den Flitter in die feuchte Farbe der Glocken gemäß der Abbildung. Malen Sie die Schleife elfenbeinfarben aus. Nach dem Trocknen der Farbe die goldfarbenen Linien mit der Konturenfarbe zeichnen.

Haben Sie das Motiv fertig gearbeitet, füllen Sie die Zwischenräume mit Kristallklar. Halten Sie die vorgeschriebene Trockenzeit ein, und nehmen Sie das Bild erst dann von der Malfolie.

5. Tannenbaum

Material

◆ Konturenfarbe in Schwarz, Gold
◆ Window-Color-Farben in Tannengrün, Gelb, Rot, Perlmutt, Olivgrün, Dunkelbraun
◆ Flitter in Silber, Gold

Anleitung

Zeichnen Sie das Motiv mit Konturenfarbe auf die Malfolie. Nach dem Trocknen malen Sie das Motiv mit den Farben gemäß der Abbildung aus. In die feuchte Farbe des Sterns goldenen Flitter hineinstreuen.

In die feuchte Farbe der Glocken silbernen Flitter sparsam hineinstreuen. Nehmen Sie hierzu Flitter mit dem Schaschlikspieß auf und geben es auf die Glocken.

Die goldene Verzierung des Topfes nachträglich mit Konturenfarbe auf das fertige Motiv aufmalen. Nach dem Trocknen kann es von der Malfolie abgenommen werden.

6. Hirsch im Schnee

Material
- Konturenfarbe in Schwarz
- Window-Color-Farben in Weiß, Pastellblau, Hellbraun, Dunkelbraun, Schwarz

Anleitung

Zeichnen Sie die Konturen mit der Konturenfarbe auf die Malfolie. Nach dem Trocknen beginnen Sie mit dem Ausmalen. Die Schattierungen nehmen Sie mit dem Schaschlikspieß im feuchten Zustand der Farben vor. Die Bäume malen Sie mit Weiß und schattieren mit Pastellblau und Hellbraun. Verwenden Sie die Farben zum Schattieren recht sparsam. Die Landschaft arbeiten Sie genauso. Die Ohren des Hirsches mit Hellbraun malen und mit Dunkelbraun schattieren. Ziehen Sie mit dem Schaschlikspieß das Dunkelbraun in die feuchte hellbraune Farbe. Malen Sie das Motiv gemäß der Abbildung fertig. Nach dem Trocknen kann es von der Malfolie genommen werden.

7. Knusperhaus

Material
- ✦ Konturenfarbe in Schwarz
- ✦ Window-Color-Farben in Weiß,
  Pastellblau, Hellbraun, Dunkelbraun,
  Elfenbein, Rot, Hellgrün, Königsblau,
  Schwarz, Dottergelb, Kristallklar

Anleitung

Zeichnen Sie das Motiv mit der Konturenfarbe auf die Malfolie. Nach dem Trocknen
beginnen Sie mit dem Ausmalen.

Schattieren Sie die feuchte weiße Farbe des
Schnees mit etwas Pastellblau. Nehmen Sie
den Schaschlikspieß, und verziehen Sie die
Farben ineinander.

Malen Sie das Motiv gemäß der Abbildung
fertig. Damit das Motiv beim Abnehmen
von der Folie nicht einreißt, füllen Sie die
Zwischenräume bei Katze und Schornstein
mit Kristallklar aus.

8. Winterlandschaft bei Nacht

Material
- ◆ Konturenfarbe in Schwarz
- ◆ Window-Color-Farben in Königsblau, Weiß, Tannengrün, Anthrazit, Rot, Hellbraun, Dunkelbraun, Gelb
- ◆ Glimmerpulver Blau, Flitter Kristalleis

Anleitung

Zeichnen Sie das Motiv mit der Konturenfarbe auf die Malfolie. Nach dem Trocknen malen Sie das Motiv gemäß der Abbildung aus. In die feuchte Farbe des Himmels streuen Sie Glimmerpulver. Nach Fertigstellung des Motivs und eingehaltener Trockenzeit können Sie das Motiv von der Malfolie nehmen.

9. Weihnachtsmann auf dem Dach

Material
◆ Konturenfarbe in Schwarz
◆ Window-Color-Farben in Weiß, Dunkelgrün, Rot, Feuerrot, Pastellblau, Hellgrau, Grau, Elfenbein, Altrosa, Königsblau, Dunkelbraun, Kristallklar

Anleitung

Nachdem der Konturenauftrag getrocknet ist, mischen Sie auf der Malfolie neben Ihrem Motiv mit dem Schaschlikspieß aus Grau und Dunkelbraun die Farbe des Schornsteins und des Sacks und malen beide aus. Die Farbe der Handschuhe wird aus Elfenbein und Dunkelbraun gemischt. Den Schnee mit Pastellblau im feuchten Zustand der Farben schattieren. Arbeiten Sie das Motiv gemäß der Abbildung fertig und füllen in die Zwischenräume des Ilex-Randes Kristallklar.

10. Weihnachtsmann im Sessel

Material

- ✦ Konturenfarbe in Schwarz
- ✦ Window-Color-Farben in Dunkelbraun, Hellbraun, Feuerrot, Magenta, Königsblau, Weiß, Hellgrün, Dunkelgrün, Elfenbein

Anleitung

Zeichnen Sie die Konturenfarbe auf die Folie. Nach dem Trocknen beginnen Sie mit dem Ausmalen. Die Haare des Kindes mit Elfenbein und Hellbraun malen. Verziehen Sie die feuchten Farben mit dem Schaschlikspieß. Mischen Sie aus Weiß und Königsblau die Farbe des Schlafanzuges auf der Malfolie neben ihrem Motiv. Malen Sie den Sack hellbraun und schattieren Sie mit etwas Dunkelbraun. Dies im feuchten Zustand der Farben vornehmen. Die Farbe des Sessels auch auf der Malfolie neben dem Motiv aus Elfenbein und Dunkelbraun mischen. Ebenso mischen Sie Feuerrot und Magenta für die Handschuhe und Schuhe des Weihnachtsmannes. Arbeiten Sie das Motiv gemäß der Abbildung fertig.

11. Weihnachtsmann vor dem Haus

Material
- ✦ Konturenfarbe in Schwarz
- ✦ Window-Color-Farben in Weiß, Pastellblau, Hellbraun, Elfenbein, Gelb, Rosenrot, Dunkelbraun, Dunkelgrün, Hellgrün, Feuerrot, Rot, Violett, Dottergelb, Gelb, Stahlblau
- ✦ Glimmerpulver in Gelb, Rosé

Anleitung

Zeichnen Sie die Linien des Motivs mit der Konturenfarbe auf die Malfolie. Nach dem Trocknen malen Sie das Motiv gemäß der Abbildung mit den Farben aus. Auf der Malfolie neben dem Motiv mischen Sie aus Rosenrot, Braun und Elfenbein die Farbe der Fensterrahmen, aus Elfenbein und Gelb die Farbe der Fenster. Nehmen Sie zum Mischen sowie zum Malen den Schaschlikspieß. Die feuchte Farbe des Schnees auf Dach und Tannenbaum mit Pastellblau schattieren. In den feuchten Schnee des Tannenbaumes Glimmerpulver einstreuen. Nach Fertigstellung des Motivs und eingehaltener Trockenzeit können Sie es von der Malfolie abnehmen.

12. Weihnachtsmann und Schlitten

Material

- ✦ Konturenfarbe in Schwarz, Gold
- ✦ Window-Color-Farben in Dunkel-
  braun, Hellbraun, Rot, Lapis, Gelb,
  Weiß, Elfenbein, Blau, Stahlblau,
  Dottergelb, Violett, Magenta,
  Kristallklar, Glimmerfarbe Rosé,
  Glimmerfarbe Gelb

Anleitung

Zeichnen Sie die Konturen des Motivs mit der Konturenfarbe auf die Malfolie. Nach eingehaltener Trockenzeit malen Sie das Motiv mit den Farben aus. Ziehen Sie in die feuchte Farbe der Glocke etwas Rot mit dem Schaschlikspieß hinein. In die feuchte lapisblaue Farbe des Schlittens Glimmerpulver einstreuen. Arbeiten Sie das Motiv gemäß der Abbildung fertig. Die Zwischenräume füllen Sie mit Kristallklar aus.

13. Weihnachtsmann vor dem Kamin

Material
✦ Konturenfarbe in Schwarz, Weiß
✦ Window-Color-Farben in Dunkelbraun, Schwarz, Dottergelb, Magenta, Rot, Dunkelrot, Gelb, Stahlblau, Aubergine, Dunkelgrün, Hellgrün, Grau, Hellbraun, Königsblau, Weiß, Kristallklar

Anleitung
Zeichnen Sie die Linien des Motivs mit der schwarzen Konturenfarbe auf die Malfolie. Nach dem Trocknen beginnen Sie mit dem Ausmalen. Mischen Sie mit dem Schaschlikspieß auf der Malfolie abseits des Motivs Dunkelrot mit Elfenbein, und malen Sie die Farbe mit dem Schaschlikspieß in die Klinker am Kamin. Verziehen Sie die Farbe auch in die feuchte Elfenbeinfarbe des Kamininneren. Die Farbe des Kamins aus Elfenbein und wenig Dunkelbraun mischen. Den Fußboden mit Dunkelbraun und Elfenbein etwa 1:1 mischen. Hierzu eventuell eine leere Plastikflasche zum Mischen benutzen. Die Teppichfarbe aus Königsblau und Elfenbein mischen. Die Farbe der dunkleren Absätze an den Kaminseiten aus Grau und Dunkelbraun mischen. Arbeiten Sie das Motiv gemäß der Abbildung fertig, und füllen Sie die Zwischenräume mit Kristallklar aus. Die Schneeflocken vor dem Fenster auf die trockene blaue Farbe mit weißer Konturenfarbe aufmalen.

14. Weihnachtskranz

Anleitung

Zeichnen Sie mit der Konturenfarbe alle Linien auf die Malfolie. Achten Sie darauf, das Tannengrün nur zart zu zeichnen, damit man die Nadeln gut erkennen kann. Nach dem Trocknen beginnen Sie mit dem Ausmalen gemäß der Abbildung. Schattieren Sie mit dem Schaschlikspieß die feuchte rote Farbe der Schleifenbänder mit etwas Gelb. Die Äpfel erst mit Gelb um die Blüten malen, dann mit Rot ausfüllen und mit dem Schaschlikspieß die noch feuchte gelbe Farbe in das Rot hineinziehen. Malen Sie den Kranz fertig und füllen den Mittelteil und die Lücken um den Kranz mit Kristallklar aus.

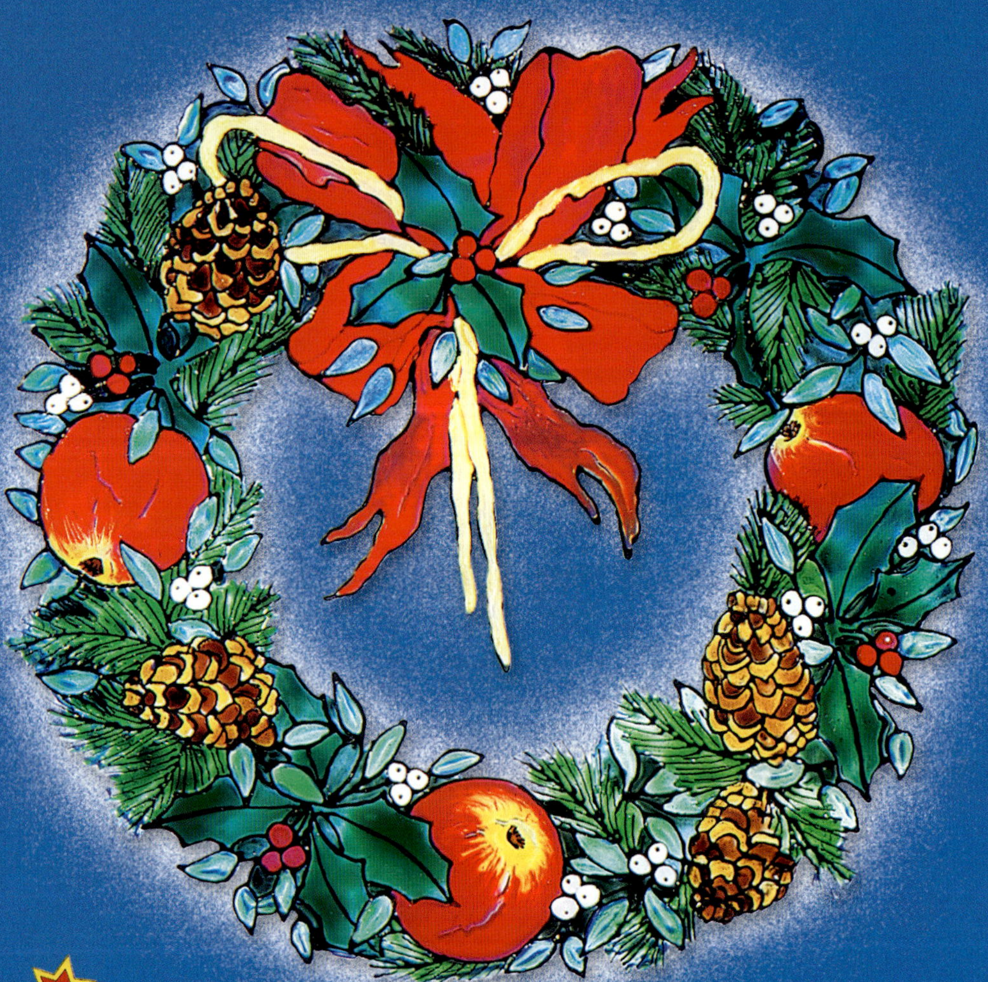

15. Kugel im Stern

Anleitung

Zeichnen Sie alle Linien des Motivs mit der Konturenfarbe auf die Malfolie.

Nach dem Trocknen beginnen Sie das Motiv auszumalen. In die feuchte Perlmuttfarbe der Kugel streuen Sie Glimmerpulver. Malen Sie das Motiv fertig, und lassen Sie es gut trocknen. Bevor Sie das Innere des Sterns mit Kristallklar ausfüllen, vergewissern Sie sich, dass keine Glimmerpartikel auf der Fläche liegen. Eventuell mit einem weichen Pinsel entfernen.

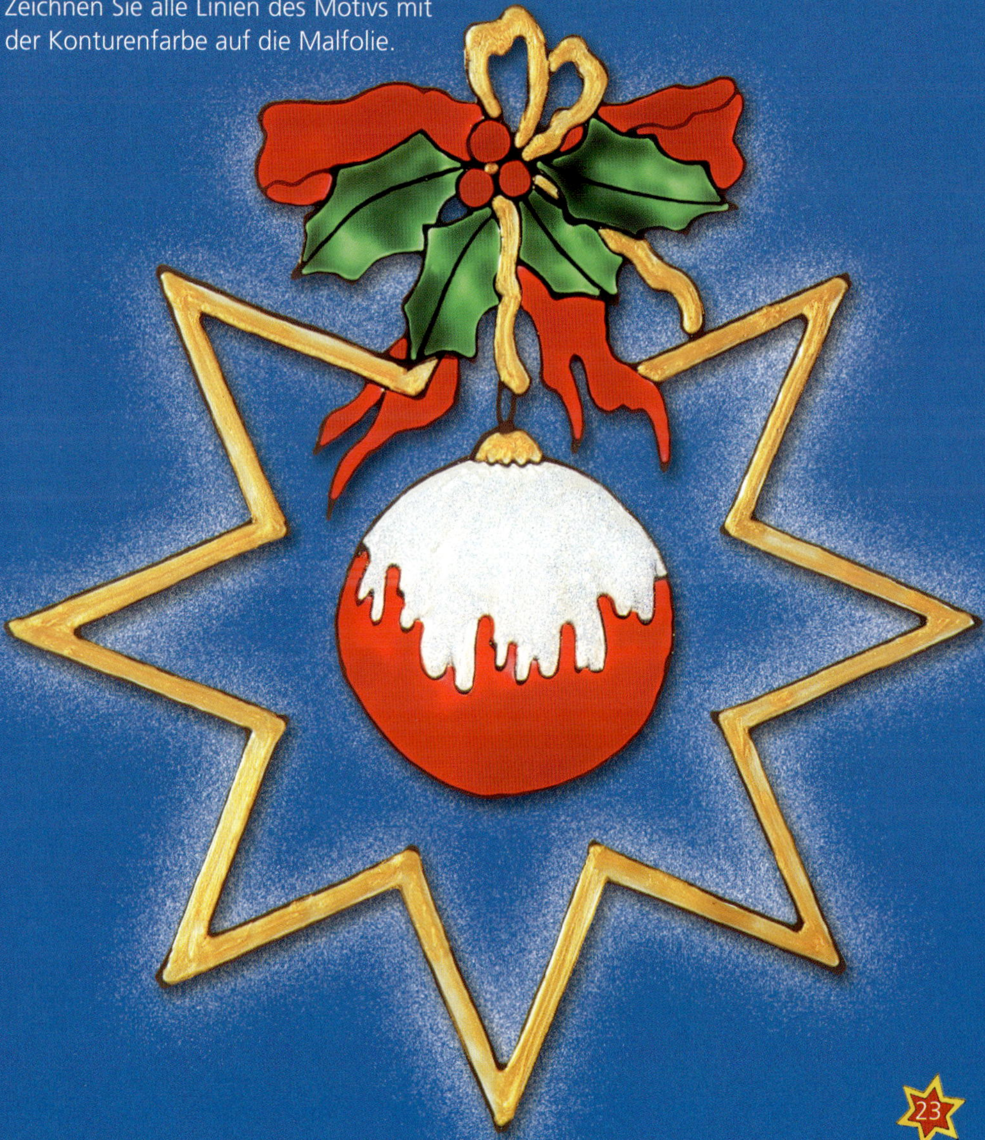

16. Mistelkranz

Material
- ✦ Konturenfarbe in Schwarz, Gold
- ✦ Window-Color-Farben in Olivgrün, Weiß, Hellbraun, Kristallklar

Anleitung
Zeichnen Sie alle Linien mit der Konturenfarbe auf die Malfolie.

Nach dem Trocknen malen Sie das Motiv aus. Schattieren Sie mit dem Schaschlikspieß die feuchte grüne Farbe im Bereich des Stiels mit Hellbraun. So wird der Stiel besser verdeutlicht. Den Innenteil des Kranzes füllen Sie mit Kristallklar aus.
Damit das Motiv beim Abnehmen von der Folie nicht zerreißt, malen Sie auch um den Kranz herum Kristallklar.

17. Zwei Tannenzapfen

Material
- ◆ Konturenfarbe in Schwarz
- ◆ Window-Color-Farben in Tannengrün, Rot, Hellbraun, Kristallklar

Anleitung

Zeichnen Sie das Motiv mit Konturenfarbe auf die Malfolie. Nach dem Trocknen der Konturen malen Sie das Motiv aus.

Das Tannengrün zu den Spitzen hin mit dem Schaschlikspieß zart ausziehen, so dass die Nadeln noch zu erkennen sind. Um ein Zerreißen des fertigen Motivs beim Abnehmen von der Folie zu vermeiden, ziehen Sie um das Tannengrün im äußeren Bereich Kristallklar.

18. Weihnachtsschmuck mit Herzen

Material
- ✦ Konturenfarbe in Schwarz, Gold
- ✦ Window-Color-Farben in Rot, Feuer-rot, Gelb, Tannengrün, Flittergold, Dunkelgrün, Kristallklar

Anleitung

Zeichnen Sie das Motiv mit der Konturen-farbe auf die Malfolie.

Nach dem Trocknen malen Sie das Motiv mit den Farben gemäß der Abbildung aus. Die Schleifenbänder mit dem Schaschlik-spieß etwas mit Gelb schattieren. Die Schat-tierung im feuchten Zustand der Farben vor-nehmen. Die Farbe Flittergold erst malen, wenn die darunter liegende Farbe durch-getrocknet ist. Die Lücken des fertigen Mo-tivs mit Kristallklar ausfüllen.

19. Schaukelpferd

Material

✦ Konturenfarbe in Schwarz, Gold
✦ Window-Color-Farben in Weiß, Elfenbein, Hellbraun, Dunkelbraun, Rot, Kristallklar, Schwarz

Anleitung

Zeichnen Sie alle Linien des Motivs mit schwarzer Konturenfarbe auf die Malfolie. Nach dem Trocknen beginnen Sie mit dem Ausmalen. Schattieren Sie das weiße Schaukelpferd mit dem Schaschlikspieß, indem Sie in die feuchte Farbe Elfenbein mit hineinziehen. Zum Schattieren von Mähne und Schweif nehmen Sie Hellbraun. Die goldene Verzierung des Sattels nach dem Trocknen der Farbe nachträglich mit der goldenen Konturenfarbe aufzeichnen. Bevor das fertige Motiv von der Malfolie genommen werden kann, müssen alle Zwischenräume mit Kristallklar ausgefüllt werden.

20. Glocke mit Kugeln

Material

- ◆ Konturenfarbe Schwarz, Silber
- ◆ Window-Color-Farben in Königsblau, Perlmutt, Tannengrün, Kristallklar
- ◆ Glimmerpulver irisierend
- ◆ Flitter in Silber

Anleitung

Zeichnen Sie alle Linien des Motivs mit Konturenfarbe auf die Malfolie.

Nach dem Trocknen beginnen Sie mit dem Ausmalen. In die feuchte Farbe der perlmuttfarbenen Kugeln Glimmerpulver irisierend hineinstreuen. In die feuchte blaue Farbe der Schleifen silbernen Flitter streuen. Malen Sie das Motiv gemäß der Abbildung fertig. Den Innenteil der Glocke sowie den Außenbereich um Schleifen und Tanne mit Kristallklar ausmalen. Nach dem Trocknen kann das Motiv von der Malfolie genommen werden.

21. Nikolausstiefel

Material

✦ Konturenfarbe in Schwarz, Gold
✦ Window-Color-Farben in Rot, Weiß, Dunkelgrün, Feuerrot, Gelb, Hellbraun, Dunkelbraun, Elfenbein, Schwarz, Aubergine, Kristallklar

Die Verzierungen der Lebkuchen nachträglich mit goldfarbener Kontur zeichnen. Füllen Sie die Zwischenräume mit Kristallklar aus. Nach der Fertigstellung und eingehaltener Trockenzeit kann das Motiv von der Malfolie genommen werden.

Anleitung

Nach dem Konturenauftrag und eingehaltener Trockenzeit mit dem Ausmalen beginnen. Schattieren Sie den Apfel mit Gelb. Malen Sie um den Stiel erst etwas Gelb und weiter mit Rot. Verziehen Sie das feuchte Gelb mit dem Schaschlikspieß in das Rot. Arbeiten Sie das Motiv gemäß der Abbildung.

22. Sterne

Material
✦ Konturenfarbe in Schwarz
✦ Window-Color-Farben in Rot, Gelb,
   Feuerrot, Dunkelgrün, Dottergelb,
   Glimmerfarbe Gold

Anleitung

Zeichnen Sie die Konturen der Sterne mit der Konturenfarbe auf die Malfolie. Nach dem Trocknen malen Sie die Sterne mit den Farben gemäß der Abbildung aus.

Die Glimmerfarbe Gold im roten Stern ist durchschimmernd. Sobald das Motiv an der Fensterscheibe angebracht ist, sieht man die Goldpartikel glitzern. Die Glimmerfarbe auf dem gelben Stern wird nachträglich auf die trockene gelbe Farbe gemalt. Nach der Fertigstellung und eingehaltener Trockenzeit können die Motive von der Malfolie genom-men werden.

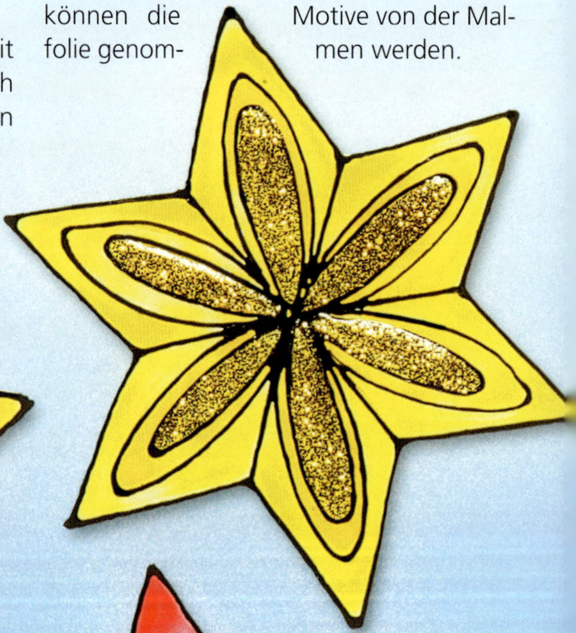

23. Engel vor dem Himmelstor

Material
- ✦ Konturenfarbe in Schwarz, Gold, Silber
- ✦ Window-Color-Farben in Glimmer-Gold, Weiß, Gelb, Königsblau, Rosé, Gold, Hellgrün, Elfenbein, Orange, Hellbraun, Perlmutt, Kristallklar
- ✦ Flitter in Kristalleis, Silber
- ✦ Glimmerpulver in Gelb

Anleitung

Nach dem Konturenauftrag beginnen Sie mit dem Ausmalen. Ziehen Sie mit dem Schaschlikspieß in die gelbe feuchte Farbe der Türöffnung im oberen Teil Rosé mit hinein. Der Engel bekommt ein roséfarbenes Bäckchen in die feuchte Farbe des Gesichts gemalt. Aus Hellgrün und Weiß mischen Sie die Farbe des Kleides. Auf die feuchte Perlmuttfarbe der Flügel silbernen Flitter streuen. Für den Himmel nehmen Sie gelbes Glimmerpulver und für die Wolken Flitter Kristalleis. Immer in die feuchte Farbe streuen.

Malen Sie die Verzierungen der Tür mit goldener Konturenfarbe aus. Anschließend nach dem Trocknen Glimmerfarbe Gold darüber malen. Arbeiten Sie das Motiv gemäß der Abbildung fertig.

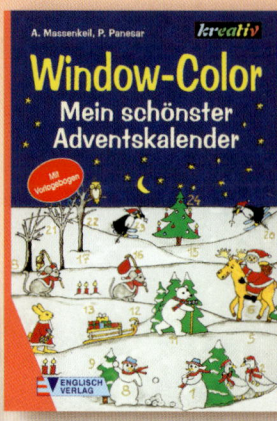